AF137427

1

A la croisée de nos choix

DU MÊME AUTEUR

MES MOTS DE VIE, BoD, 2012

© 2015 - Maryse Ligdamis
Edition: BoD - Books on Demand
12/14 rond-point des Champs Elysées, 75008 Paris
Imprimé par Books on Demand GmbH, Norderstedt, Allemagne
ISBN : 9782322038763
Dépôt légal: décembre 2014

Maryse LIGDAMIS

A la croisée de nos choix...

Bien vivre les choix dans notre vie

Textes de Maryse LIGDAMIS

© Tous droits réservés

Et si nous n'avions pas le choix ...

INTRODUCTION

Lorsque nous avançons dans la vie, nous nous retrouvons souvent à la croisée des chemins, à la croisée du destin, à la croisée du bonheur, à la croisée, tout simplement... La vie n'est pas une ligne droite que l'on suit sans jamais bifurquer, sans s'arrêter, sans faire une pause. Tout au long de notre existence, nous sommes confrontés à des questionnements intérieurs dont les réponses se trouvent sur d'autres routes. Il n'y a pas de hasard, si nous empruntons un chemin c'est qu'il fait partie de notre voyage spirituel. N'ayons pas peur du changement, acceptons-le comme une grande chance de poursuivre notre quête intérieure. Prendre une direction, c'est l'assumer avec ses obstacles, ses épreuves, ses difficultés mais aussi ses réussites. Prendre une voie inconnue, c'est chasser la peur et s'armer de courage pour avancer dans la persévérance sans jamais baisser les bras pour parvenir à triompher et atteindre le but visé. Chaque changement nous permet de nous découvrir autrement, de mettre en valeur d'autres facettes de notre personnalité, d'évaluer nos limites, de nous confronter à notre capacité à nous dépasser. En ne perdant jamais notre lumière intérieure, nous restons toujours dans le plan supérieur de nos espoirs, de notre volonté. Nous maintenons le cap vers des aventures qui viennent enrichir le cours tranquille de notre existence pour la rendre plus vivante, plus intense, plus vibrante. Nous donnons au mot « vie » sa véritable signification, loin de la routine et de la monotonie qui peuvent conduire parfois à nous faire oublier le vrai goût des choses. Suivre ce qui nous anime, c'est le phare qui éclaire notre existence et qui nous mène souvent à la croisée de nos choix car la vie est un cycle perpétuel qui s'écoule comme l'eau d'un fleuve pour serpenter les recoins les plus sombres jusqu'aux ponts les plus lumineux. A chaque fois qu'un choix se présente, il est indispensable de rester connectés à nous-mêmes pour définir précisément la voie qui est la plus conforme à notre personnalité. Aucun choix ne doit briser l'équilibre de notre être intérieur car sans cette force, nous nous condamnons à l'échec. Aucun changement n'est jamais définitif, derrière un choix se cache un autre choix, nous ne faisons que suivre le cours normal de la vie tout en respectant notre identité profonde.

Je vous invite donc à lire ce livre comme un petit guide sur votre chemin de vie destiné à vous aider à assumer tous les choix d'une vie en suivant l'élan de votre cœur...

Je suis, tu es

Je suis l'oiseau qui vole

Je suis le vent qui tourbillonne

La pluie qui lave les cœurs meurtris

Je suis l'élan, l'énergie

Je suis le souffle de vie

Dans lequel tu t'es blotti

Je suis tu es je suis

Tu es le signe de l'espoir dans mon être
enfoui

Tu es ma vie tu es je suis

Je suis un beau rêve d'amour

Je suis un enfant endormi

Joli paradis

De l'autre et toi ma vie

Je suis l'abeille la fleur de vie

Le miel de tes lèvres qui sourient

Je suis tu es je suis

Tu es la muse de mon cœur

Tu es près de moi ici

Aujourd'hui, demain c'est promis

Je t'offre ma vie

Tu es je suis

Je suis le fruit défendu

Je suis la source qui jaillit

Je suis la sève de l'arbre de vie

Le chemin que tu suis

Je suis ton ciel infini

Je suis tu es je suis

Nous sommes la vie

Changement de cap

Nous sommes parfois dans notre vie amenés à suivre une nouvelle route qui nous mène à mille lieues de nos habitudes. Ce changement de cap peut survenir à un moment où nous avons l'impression de tourner en rond, comme si nous n'étions plus en phase avec notre propre existence, à la croisée des chemins, quand nous nous retrouvons coincés entre nos désirs et la réalité. Nous devenons alors plus exigeants aussi bien avec les autres qu'avec nous-mêmes, nous succombons à la passiveté, à l'amertume, nous vivotons, nous soupirons, nous gémissons, nous perdons peu à peu le goût de la vie, ce goût si frais, si pétillant, si intense qui nous fait être. Quand rien ne parvient plus à nous satisfaire et que l'obscurité tombe sur nos pensées comme les portes d'une prison, nous manquons d'air, comme si nous étions à l'étroit dans notre vie, nous nous fanons, nous dépérissons comme si notre énergie ne circulait plus. Nous devons alors réagir en refusant de subir notre vie. Pour cela, il nous faut dans un premier temps analyser ce qui nous a conduits à tomber dans ce gouffre empreint de pessimisme qui nous a même fait oublier nos plus belles réussites. Puis, dans un deuxième temps, il nous faut créer des opportunités pour nous sortir de ce qui ressemble à une impasse effroyable. Nous devons très vite nous relever, nous redresser en affirmant la maîtrise de notre être, de notre force pour passer une nouvelle porte comme s'il s'agissait de notre dernière chance. Tendre vers ce que l'on ne connaît pas, c'est s'assurer d'une expérience différente et enrichissante, c'est se sentir, actifs, déterminés, enthousiastes. Savoir faire un nouveau choix, c'est se renouveler. Nous cessons ainsi de nous accrocher à tous nos petits malheurs, pour nous diriger vers le merveilleux de notre vie, les richesses infinies qui nous tendent les bras. Faire le grand plongeon vers l'inconnu, n'est jamais évident mais tellement excitant. Nous pouvons ainsi nous projeter grâce à cet élan vivifiant vers ce qui nous semblait hors de notre portée. Changer de cap, c'est se donner une nouvelle chance de se réaliser, de se confronter à ce que l'on ne connaît pas. Nous devons accueillir en nous cette possibilité et remercier la vie pour les expériences qu'elle nous donne à vivre. A la croisée, nous tournons à gauche parfois à droite, nous refusons de suivre un tracé trop prévisible, nous avons envie de nous surprendre, de nous faire confiance, de dépasser nos craintes, de déployer nos ailes. Nous aspirons à modifier un parcours trop rectiligne pour nous sentir plus vivants et prenant conscience qu'il n'y a jamais de hasard. Ce que nous faisons est toujours guidé par notre lumière intérieure, nous devons nous faire confiance et accepter ce qui arrive comme une chance de mieux nous connaître car chaque nouvelle expérience nous délivre un message, à nous de savoir le décoder pour savoir ce que cela nous apprend sur nous-mêmes.

Le phare de la vie

L'obscurité est toujours habitée de ta lumière intérieure

Ferme les yeux et tu la verras briller de mille feux comme un diamant éternel

Cette pierre sacrée est animée de ta volonté d'être, de ton souffle d'espoir

Son rayonnement éclaire tes pensées et ravive ta foi en toi

Il ne fait jamais noir dans ton cœur

Crois en toi

Les choix d'une vie

Lorsque nous nous retrouvons face à un choix, le premier pas que l'on fait dans cette direction, lance le début du processus et marque par cette action, la mise en œuvre du projet. Nous agissons alors pour tendre vers le but recherché. Nous devons nous donner alors les moyens d'aller jusqu'au bout de notre décision malgré tous les obstacles qui pourraient se présenter sur notre route. Si nous remettons en cause ce choix à un moment ou à un autre, nous anéantissons tous les efforts fournis pour le réaliser. Nous cessons d'y croire, ce qui nous conduit inévitablement à l'échec. En éteignant la flamme de nos envies, nous interrompons une démarche positive et nous y laissons un goût d'inachevé. Nous oublions que si nous avons voulu à un moment faire ce choix c'est qu'il avait pour nous un réel intérêt. Nous balayons d'un revers de main nos ambitions, en nous inventant des prétextes, en nous trouvant des excuses. Nous cédons face aux difficultés, nous baissons les bras, nous renonçons. Nous ne voyons plus que les inconvénients, pour voir naître alors un sentiment de dégoût profond auquel il ne faut surtout pas céder. Peut-être n'étions nous pas encore prêts pour vivre de nouveaux défis ? Peut-être avions-nous surestimé nos capacités ? Peut-être aurions-nous dû faire taire nos envies ? Toutes ses questions qui parasitent notre pensée…La peur est la première raison qui nous pousse à l'abandon, au renoncement… Peur de se tromper, peur d'aller dans la mauvaise direction. Autant de pensées toxiques qui nous viennent alors à l'esprit pour nous tourbillonner dans sa spirale infernale et nous éloigner un peu plus de notre choix du départ. Face à ces ruminations, nous devons garder en tête que si nous avons mis un pied à l'étrier, ce n'était pas le fruit du hasard, nous ne devons jamais oublier ce qui a motivé notre décision. Pour contrer cette fâcheuse tendance à tout remettre en question, il nous faut cultiver la tempérance qui est la qualité indispensable pour croire en la force de notre détermination. Nous devons être patients, et adopter une attitude digne et sage. Si hier le doute nous habitait, aujourd'hui en nous concentrant sur notre objectif premier, en ne laissant plus les plans mentaux inférieurs nous assiéger pour nous rendre passifs, nous trouvons en nous les ressources nécessaires pour avancer et surmonter les embûches qui jalonnent notre route. Chaque apprentissage sur nous-mêmes nous renforce dans notre conviction que la vie n'est pas faite pour être monotone ni linéaire. Les choix d'une vie relancent notre soif de découverte, notre curiosité naturelle pour nous permettre au cours de notre parcours personnel d'ouvrir d'autres fenêtres sur des horizons encore inexplorés. Même si ce choix ébranle nos habitudes, nous ne devons jamais le remettre en cause. Gardons à l'esprit qu'il sera riche également de bonnes surprises. Un choix, c'est un engagement que nous prenons et que nous nous devons de mener à son terme. Lorsque nous remettons en cause nos choix, nous nions la part intime de notre être qui se manifeste pourtant très souvent pour nous rappeler qui nous sommes vraiment et qui intervient lorsque nous nous égarons pour nous ramener là où se trouve notre essentiel. Si aujourd'hui, le cycle est rompu pour nous inviter à courir d'autres aventures, cela signifie profondément que nous sommes prêts à le faire. Sachons écouter cette petite voix intérieure qui nous dirige sur la route de notre vie comme de puissants faisceaux lumineux pour nous sortir de notre obscurité et nous pousser à prendre un nouvel envol. Nous n'avons pas tous le même destin, si la vie nous invite à effectuer un choix à un moment donné, cela signifie tout simplement que nous sommes arrivés à la fin de quelque chose et qu'il nous faut aborder une nouvelle perspective. En acceptant pleinement ce qui se présente à nous, sans résistance, ni opposition, nous avançons plus sereinement sur le chemin de notre vie. Nous devons alors sourire et ouvrir les bras pour enlacer notre destinée.

J'aime la vie

La vie douce, parfois cruelle

La vie mousse parfois querelle

La vie rousse parfois ébène

J'aime la vie

Aujourd'hui blanche demain rosée

Aujourd'hui hiver demain été

J'aime la vie

Elle me fait voir de toutes les couleurs

Son arc-en-ciel infini se forme et se déforme

J'épouse ses contours je me marie à ses idées

J'aime la vie et ses rêves merveilleux

La force de vie

A la croisée des chemins, nos pensées nous égarent trop souvent. Nos exigences nous perdent, nos insatisfactions nous freinent. En ayant cette attitude, nous annihilons tous les espoirs de métamorphoser notre vie. Lorsque nous avons envie de baisser les bras en pensant que cela mettra fin à nos insatisfactions, nous donnons raison à l'inertie, à l'immobilisme. Si nous changeons d'état d'esprit en nous forçant à ne voir que le positif même dans les situations les plus sombres, cela nous permettrait de décupler notre force de vie, pour vaincre les obstacles qui s'effacent alors comme des mirages de notre conscience trop présente. C'est à nous de transformer la réalité pour la rendre plus conforme à nos attentes par nos actions. Si nous parvenons à faire de notre choix une immense vallée à parcourir pour voir défiler les paysages les plus surprenants, rien ne pourra nous déstabiliser. Nous devons nous remotiver à chaque fois que des nuages se présentent en continuant à voir toujours le ciel bleu ou à distinguer l'arc-en-ciel qui éclaire notre vie de sa palette de couleurs sous les couches épaisses des doutes qui les masquent. Il nous faut transformer nos émotions négatives en un nouveau souffle créateur pour nous relever lorsque les difficultés s'accumulent, que l'adversité pèse et que nous nous retrouvons seuls face à nous-mêmes en pensant que nous avions eu peut-être tort de nous lancer vers l'inconnu. En gardant toujours une attitude positive, ouverte et constructive, nous évitons de nous enterrer, de nous enferrer. Nous mettons en fuite les pensées toxiques. Nous apprenons à raviver la plus infime étincelle car la vie rend tout possible si nous continuons à y croire. A nous de nous remémorer ces moments de bonheur où nous avons atteint un succès, touché à un but ultime. Quelle a été alors la joie ressentie ? C'est dans l'énergie positive de ce souvenir que nous pouvons puiser notre motivation, cette force extraordinaire qui nous pousse à aller de l'avant, à dépasser nos blocages intérieurs pour nous propulser d'un seul coup très haut, très loin. A nous de ne pas vouloir redescendre trop vite effrayés par l'indéfini, par l'impalpable, par l'indicible, ce qui se révèle à nous derrière le rideau parfois idéalisé des attentes que nous plantons dans nos rêves. Si cette motivation vient à manquer, c'est que nous la projetons peut-être ailleurs ou que nous l'attendons trop des autres. En fait, la motivation n'existe qu'à l'intérieur de nous, nous devons savoir l'activer par nos pensées positives et par la visualisation du but recherché. Pour mobiliser cette énergie, l'objectif que nous nous donnons est essentiel. Si nous n'avons pas une idée précise de ce que nous voulons vraiment, nous nous condamnons à errer, à tourner en rond sans jamais être satisfait. Il nous faut croire en notre choix en nous sentons uniques, authentiques. Cette présence transfigurée devient essentielle à la réussite de notre projet. Elle naît de l'alliance de notre courage et de notre volonté. Elle augmente avec le plaisir que nous ressentons à accomplir une action nouvelle. En associant notre projet à ce que nous désirons ardemment, nous réveillons forcément en nous des sensations nouvelles, d'autres envies, d'autres désirs. Le choix à effectuer cesse d'être une montagne à gravir nous nous donnons toutes les chances d'atteindre le point culminant, nous avons alors l'impression de toucher au divin. Lorsque nous redescendons de ce sommet, nous sommes remplis d'une fierté incroyable, d'une estime personnelle revalorisée qui nous fait dire fièrement : « Je l'ai fait ». La suite de notre parcours devient alors comme une vallée à sillonner où fleurissent les milliers de graines semées tout au long de notre périple. Nous récoltons alors les fruits de notre labeur, des fruits que nous partageons avec les autres dans le plaisir de l'échange et dans la générosité d'offrir à autrui des témoignages de nos plus belles expériences. C'est de cette force obtenue dans l'instant que nous nous nourrissons pour affronter les situations les plus désagréables et pour aller encore plus loin et plus haut. La persévérance et l'envie sont les plus belles qualités pour nous aider à tout surmonter, à tout supporter. Ne perdons jamais de vue que le choix que nous effectuons à un moment donné, est personnel donc pleinement assumé. Agir sans être forcé, agir librement, agir parce qu'on le souhaite vivement. Il nous faut vivre chaque étape en lâchant totalement prise, en cessant tout combat intérieur dans la foi de ce qui nous anime. Nous devons toujours voir la vie comme un formidable manège qui tourne au son mélodieux de nos désirs, ni trop vite, ni trop lentement, juste en accord avec le cycle du monde en perpétuel mouvement. C'est dans l'action que tout se crée, se défait pour renaître et encore évolué. La créativité n'a pas d'horloge, ni de rythme imposé, les choses naissent,   disparaissent, réapparaissent.   Nous   sommes   notre alchimiste intérieur.

Le maître de ta vie

Tu es né pour créer ta vie

Entre tes mains tes idées se dessinent

Tu caresses avec une plume des mots bleus

Tu regardes éclore la fleur de tes pensées

Tu dessines sur la toile le monde que tu écris

Ne nie pas le pouvoir de ta magie

Tu es celui qui sait

Tu es celui qui veut

Deviens l'alchimiste de tes envies

Les doutes insensés

Face à ces moments récurrents où nous devons soumettre notre existence à des changements marqués par des orientations nouvelles qui nous poussent à tendre vers d'autres possibles, il nous faut éviter de nous montrer impulsifs. La précipitation dans une décision nous entraîne irrémédiablement vers des difficultés prévisibles. En visualisant précisément notre projet, sa réalisation, les étapes que nous avons à parcourir, les conséquences, nous prenons conscience de la stratégie à mettre en place pour faire tomber les barrières et faciliter notre adaptation à la nouvelle situation. Au contraire, si nous sommes trop pressés et si nous agissons dans la hâte en poussant toutes les portes, sans prendre le temps d'en savourer les découvertes ou d'en tirer les leçons nécessaires à la poursuite de l'action, nous nous heurtons à des obstacles, nous tombons dans de nombreux pièges et nous passons à côté de toutes les opportunités. En faisant preuve de plus de sagesse et de raison, nous avançons pas à pas et nous prenons plus de plaisir à cueillir l'instant présent. Nous cessons de courir après les chimères pour nous centrer uniquement sur le moment présent. En regardant la vie sans voile, sans état d'âme sans envisager le pire mais en se répétant inlassablement que nous maîtrisons notre devenir, nous ressentons chaque jour un élan qui nous aide à maintenir nos ailes déployées pour toujours voler au dessus de tout, des critiques, des reproches, des incompréhensions, des jugements faciles, tout ce qui appartient aux plans inférieurs. Croire en nos choix, c'est notre foi, car nous croyons alors en nous-mêmes ce qui nous pousse à nous élever mentalement. A partir du moment où l'on valide une décision, il nous faut prendre conscience de sa portée et d'en assumer les conséquences en ne laissant personne juger de nos choix. Parfois, nous sommes habités par l'envie de revenir en arrière pour changer ce qui nous semble un mauvais choix mais au final en imaginant ce qui serait à sacrifier, nous y renonçons car nous constatons alors que si devions tout annuler, nous y perdrions tellement plus. Nous comprenons que choisir ce que l'on veut à un instant précis, n'est pas évident, pourtant inconsciemment, nous désignons ce qui nous attire, nous penchons vers ce que l'on désire, nous avançons vers ce à quoi on aspire. La vie est vie car elle est pleine de toutes ses imperfections, de ses ratés, de ses imprécisions. Elle se remplit à chaque seconde, à chaque minute, jour après jour. Si nous redémarrons tout à zéro, notre mémoire, elle, garde précieusement des souvenirs qui par leurs richesses donnent un sens à notre vie. Le doute cesse d'être notre ennemi quand nous le transformons en une sagesse éclairée pour rester dans la présence forte de nos ressentis pour lever des masques, pour mettre fin aux trahisons. Trop de vanité peut nous pousser à agir avec impulsivité, il faut savoir nous réfréner en comprenant que les freins de la vie sont parfois déguisés : ce sont nos peurs intérieures qui se dressent pour devenir les pires obstacles et pour s'ériger sur notre chemin tel un véritable mur infranchissable. Ce que nous croyons être une erreur lorsque nous nous mettons à douter, devient au contraire un cadeau de la vie lorsque nous sommes à nouveau présents à nous-mêmes. Nous apprenons à créer notre propre lumière et à l'utiliser à chaque fois que des situations nous paraissent obscures et trop éloignées de nous-mêmes. Nous découvrons ainsi les leçons à tirer de chaque épreuve et cela nous permet de grandir pour nous élever vers les sommets de notre moi éveillé : le gardien de notre vie, la force de notre esprit. La vie sait nous donner des preuves chaque jour pour nous montrer que nous sommes sur le bon chemin, il nous faut savoir rester à l'écoute. Par des pensées, des paroles et des actions justes et claires, nous traçons notre route.

Le cadeau de la vie

Vas-y fonce, ne t'accroche pas à ton passé

Sois fier du présent et de sa réalité

Avance, n'aie pas peur, fais confiance à ton
instinct

Ne crains rien tu es sur la voie sacrée

Celle que ton cœur a choisie

Celle de tes idéaux

N'écoute pas tes peurs

Ce ne sont que des illusions

Ouvre les yeux

Suis ta route

Crois en ta force

Tu es vivant

Le puzzle de la vie

Toute nouveauté s'accompagne d'un bouleversement de nos habitudes, nous devons avoir la certitude de faire le bon choix, nous devons être convaincus que la voie empruntée est en accord avec notre personnalité. C'est ainsi que nous pourrons ensuite surmonter chaque étape en nous armant de pugnacité, d'opiniâtreté et de détermination. Si ce choix s'avère malgré tout différent de nos attentes, à nous d'en trouver la raison. Il ne s'agit pas de revenir tout de suite en arrière en baissant la tête, comme un enfant honteux qui aurait choisi le mauvais jouet et qui se serait trop vite lassé. Cela ne sert à rien de se sermonner d'avoir manqué de discernement. Nous sommes riches de nos erreurs. Tout changement présuppose une grande part d'inconnu, et une capacité d'adaptabilité. Nous ne réussissons à apprivoiser notre destin que par notre volonté. Si nous affirmons chaque jour que nous sommes à notre véritable place dans notre vie nous maintenons le cap. Le pouvoir de notre foi intérieur accomplit des merveilles. En cessant de vouloir comparer la situation vécue à notre expérience du passé, nous profitons pleinement de la force de la situation présente. Nous en savourons chaque recoin. Souvent, à trop nous projeter dans le futur, nous oublions d'accorder de l'importance à notre présent. Il nous faut envisager l'avenir comme la suite du présent que l'on construit ici et maintenant en lui donnant toutes ses chances d'être. Tout sur notre parcours est lié, intimement relié, en mettant chaque pièce du puzzle de notre vie à sa place, nous voyons se dessiner ce que nous refusions de voir auparavant car notre regard sur les choses est souvent marqué par notre subjectivité, par nos états d'âme. Lorsque nous réussissons à nous libérer de tout ce qui brouille notre vue pour nous empêcher de voir la réalité telle qu'elle est, à ce moment-là, uniquement, nous parvenons à décrypter un nouveau sens aux choses, aux êtres, à notre existence. Si nous avons l'esprit trop étriqué, nos anciens blocages refont surface et nous tirent en arrière. Pour affronter, la nouvelle orientation que nous prenons, il nous faut accepter d'enfouir nos défauts pour apprécier d'autres qualités jusqu'alors inhibées et qui ne demandent qu'à s'épanouir. En croyant en nous, nous admettons fortement ce principe qu'il n'y a pas de hasard. Si aujourd'hui, c'est dans cette nouvelle direction que nous allons, c'est parce que de manière évidente c'est ce qui nous est le plus bénéfique. En considérant ce choix comme une chance à saisir, il s'agit de tout faire pour ne pas la gâcher par un excès d'appréhension, par des doutes constants et par des insatisfactions paralysantes. En savourant chaque instant, en cessant de nous plaindre et de geindre, nous donnons une image nouvelle à ce que nous avions considéré comme négatif. Quand le cycle se termine car l'expérience nous a délivré toutes les leçons nécessaires à notre développement personnel, à nouveau, nous tendons vers autre chose. Une part de notre être s'est remplie mais une autre partie de nous-mêmes demeure encore vide, signe évident que notre voyage n'est pas terminé et qu'il nous faut nous tourner vers de nouveaux défis pour encore mieux nous découvrir et nous connaître. Même si sur le moment, cela peut ressembler à un retour en arrière étant donné que nous nous retrouvons à nouveau à la croisée des chemins. Ce n'est que bien plus tard que nous découvrons le sens même de ce qui nous a été donné de vivre. Nous ne revenons jamais en arrière, même si nous ressentons parfois cette impression d'avoir déjà vécu une scène,, nous poursuivons inlassablement notre route avec de nombreux points communs qui jalonnent notre existence. Des visages inconnus, des faits qui se répètent pour faire le lien perpétuel entre le présent, le passé et le futur. Bien vivre le changement en fuyant nos blocages, nos préjugés, c'est la seule solution pour réussir nos choix en ouvrant les portes avec la bonne clé, celle de notre cœur.

Etre soi-même

Hier tu pleurais car la vie te malmenait

Aujourd'hui tu pleures car la vie te rappelle
tes erreurs

Elle t'aide à dépasser tes freins intérieurs

Elle te fait comprendre ce que tu n'avais pas
compris

Les leçons de la vie sont perpétuelles

Elles ne cessent jamais tant que tu
n'acceptes pas ce qui est réel

Sans faire semblant mais parce qu'il faut
être en accord avec soi-même

Sans masque ni costume

En acceptant la réalité

La relation aux autres

A la croisée des chemins le comportement que l'on adopte face aux autres est riche d'enseignements. Les êtres croisés au hasard d'une vie ont tous un rôle à jouer, ils sont à un moment donné un déclencheur, un catalyseur pour nous amener à ressentir des émotions, à vivre des expériences nécessaires sur notre parcours. Comme s'ils formaient tous une immense chaîne où chacun préexiste par un rôle précis qu'il doit tenir pour un temps donné positivement ou négativement. Autant de visages différents, de personnalités tellement éloignées de notre nature propre, de caractères symboliques de l'attitude que nous devons à chaque fois modeler et moduler pour rester nous-mêmes. Nous entendons toujours dans la bouche des autres, ce que nous avons envie d'entendre. Si certains critiquent ouvertement nos actes, il nous faut savoir défendre notre point de vue sans nous laisser troubler par les avis, les remarques en assumant notre propre vécu, nos propres ressentis. Si d'autres nous félicitent au contraire, nous devons leur accorder plus d'importance car étrangement, nous écoutons plus facilement ce qui nous fâche que ce qui nous aide à avancer. Si nous sommes dans un état d'esprit pessimiste, les autres le ressentent et nous perturbent sans le vouloir. A nous de ne pas leur en donner l'occasion, en réaffirmant fortement notre choix car autrui peut devenir un révélateur de notre malaise si nous le lui permettons. A nous de ne jamais lui faire porter la responsabilité de notre choix. Notre vie nous appartient et les couleurs que nous y mettons ne dépendent que de nous. Si nous suivons le comportement des autres pour imiter ce qui nous semble bien alors nous ne sommes plus les maîtres de notre vie. Leur influence peut s'avérer négative si nous dépendons de leurs choix, si nous faisons passer les intérêts des autres avant les nôtres. Il faut apprendre à s'adapter à l'attitude des autres et non pas à adopter leur attitude. Appartenir à un groupe c'est un symbole de solidarité, d'union cela ne doit pas devenir une force de décision. En faisant certains choix, il nous arrive de tourner le dos à notre passé, non pas pour le fuir mais surtout pour se projeter vers de nouvelles perspectives lorsque la situation en cours ne nous satisfait plus. Cela nous permet également d'agrandir notre cercle de relations en poursuivant notre route en restant ouverts à de nouvelles rencontres possibles car les échanges avec les êtres croisés tout au long de notre existence sont des temps forts inoubliables qui nous aident à nous construire individuellement. Cela nous permet de savoir si nous avons su profiter pleinement de notre vie à travers des relations nouées parfois éphémères parfois plus durables mais toujours très riches en leçons de partage, d'empathie et de bienveillance. Des valeurs essentielles prônées pour bien vivre en société avec les autres. Nous retenons toujours que les personnes qui comptent le plus savent nous suivre et nous soutenir tout au long de notre parcours. L'autre en étant un miroir nous renvoie des reflets changeants qui nous donnent à comprendre que nous existons dans notre diversité et c'est cette authenticité qui fait la richesse de notre vie. C'est pourquoi, certains êtres passent dans notre vie sans rester, pour nous délivrer un message : lien sacré, relation plurielle, profonde amitié, absence d'affinité… Puis ils disparaissent pour laisser apparaitre d'autres liens semblables, différents, éphémères, durables, uniques, à sens unique. Chaque être qui a traversé notre vie, y a inscrit sa leçon de vie bonne ou mauvaise, il chemine le temps d'une expérience à nos côtés avant de nous laisser poursuivre notre route. Lorsqu'une main se tend vers nous, à nous de la saisir car c'est un cadeau de la vie qui nous est offert au cours de notre périple pour nous aider à découvrir ce qui nous manque ou qui nous sommes vraiment. A trop nous dévoiler, nous devenons vulnérables, à trop nous cacher nous devenons fragiles. Nous devons maîtriser nos émotions pour ne pas mélanger sentiments et ressentis. Nous gagnons toujours sur nous-mêmes, jamais sur les autres, nous triomphons pour nous pas pour le regard des autres. Savoir relever des défis aide à acquérir une estime de soi sans cesse renouvelée. Ne pas dépendre du choix des autres mais exister dans nos propres choix renforcent notre assurance. Nous pouvons partager avec les autres notre expérience de la vie, mais nous devons rester celui qui tient les rênes de notre vie sans jamais perdre de vue notre ligne directrice. Personne ne peut venir se mettre à notre place pour vivre notre choix. A la croisée de nos choix, la relation aux autres contribue à maintenir notre équilibre. Si des tensions naissent, des désaccords, des incompréhensions, il nous faut apprendre à refouler nos émotions et à pacifier notre mental pour rester attentifs à notre but. En devenant conscients, nous nous ouvrons à la véritable vie, pour découvrir qui nous sommes vraiment et pour nous métamorphoser intérieurement. Les autres sont tous des morceaux de nous-mêmes, ils nous aident à nous construire, à devenir, à être. Nous avons besoin d'eux et ils ont besoin de nous dans cette grande chaîne de la vie. C'est ainsi que nous devons voir autrui, comme des énigmes à résoudre, comme des poèmes à lire, comme des mains à tenir. La vie ne se vit pas dans la solitude et le désespoir, mais dans l'élan vers les autres. Nous apprenons tellement de tous ces liens précieux ainsi créés. Si quelqu'un te tourne le dos, c'est qu'il a terminé sa mission auprès de toi. Si quelqu'un t'estime vraiment, il saura toujours comprendre tes choix et tes motivations, jamais il ne te jugera ou ne te reprochera ta conduite. Il saura lire au-delà de la situation le message que cela comporte. Aimer quelqu'un implique d'accepter son bonheur sans condition, même si cela implique de la distance, l'amour existe au-delà des frontières car sa première place est dans notre cœur. C'est dans notre jardin secret que nous conservons tous les moments heureux partagés, tous les souvenirs indélébiles. On y construit le temple sacré de notre force intérieure.

L'amour infini

Ouvre ton cœur, accueille l'amour universel

Celui qui ne ment pas, celui qui ne triche
pas

Celui qui ne donne pas des ordres mais qui
console nos peines

Celui qui brille quand tout devient sombre

Celui qui ne juge pas

Celui qui est inconditionnel

Ouvre ton cœur et tu le ressentiras comme
une caresse en plein soleil comme un baiser
rempli de douceur

Ouvre-toi à présent vers tous ceux qui
viennent vers toi

Accueille-les...

Du rêve à la réalité

Nous avons souvent des rêves qui demeurent irréalisés parce que nous ne nous accordons pas le droit de les faire exister. Ces rêves doivent prendre vie pour se matérialiser en projets réels. Il nous faut pour cela ouvrir la porte de nos pensées, de notre imagination créatrice et laisser ces rêves franchir le seuil pour se poser, se libérer de l'entrave que nous leur imposons par nos hésitations, nos refoulements et nos peurs. Ils doivent alors se dessiner, s'écrire, s'élaborer pour devenir des réalités. Nous devons oser donner vie à nos rêves. Nous pouvons alors affirmer que la force de notre volonté est une véritable baguette magique au pouvoir incroyable. Elle exauce nos rêves les plus fous si on les met en action car en faisant exister un rêve, nous prenons conscience du pouvoir de notre pensée. En décrivant précisément les différentes étapes du projet envisagé avec les dates, les délais, les démarches, les procédures, nous donnons vie à ce rêve. Nous faisons une évaluation de ce qui est possible, nous sortons de l'abstrait pour ébaucher ce qui doit nous mener à la réalisation. Ainsi, le rêve cesse d'être un rêve à partir du moment où on le met en action. Il nous faut avoir foi en la vie. Lorsque nous croyons en la vie, nous avançons toujours dans la lumière, nous sommes alors dans un état de conscience supérieur qui nous permet de lâcher prise pour lui faire confiance en étant persuadés qu'elle nous apportera toujours ce qu'il y a de plus favorable à notre âme. Lorsque nous réalisons que le fil qui s'étire tout au long de notre existence est tenu par notre volonté, nous cessons alors de nous inquiéter, nous enlevons les nœuds des tensions qui nous éloignent de notre parcours de vérité. Comme avec le fil d'Ariane, nous sillonnons le labyrinthe de la vie en trouvant toujours une issue. Une porte se ferme, mais une autre s'ouvre pour nous dévoiler d'autres perspectives. A nous de savoir ce que nous voulons vraiment, si nous avançons en tâtonnant, nous courons le risque de nous tromper, de nous leurrer, d'être dupés. Si nous martelons mentalement comme un leitmotiv le but de notre quête, nous serons ancrés dans ce choix qui devient alors la réalité, pas une réalité déguisée ni masquée mais la concrétisation de ce que nous souhaitons du plus profond de notre être. Nous devons envisager notre existence comme un fabuleux projet mû par une même intuition. Tous les domaines, vie amoureuse, vie familiale, santé, finances et travail, forment un ensemble harmonieux qui coexiste en symbiose parfaite. Il faut réussir à les équilibrer tout au long du parcours. Si le domaine professionnel prend le pas sur le domaine familial, au détriment de la santé et que les finances déclinent alors il nous faut réfléchir à un nouveau plan plus sain plus serein. Si nous souhaitons faire évoluer les choses, à nous de savoir quelle est la meilleure image qui nous conviendrait, pas un rêve mais une vraie représentation de ce qui serait pour nous enfin la solution à nos déséquilibres. Il ne s'agit pas d'en faire une obsession mais de respirer chaque nouvelle journée comme si nous avions déjà réalisé ce vœu, et que nous vivions dans l'énergie de ce succès. A la croisée des chemins, une porte vers l'infini s'ouvre pour nous prouver que si nous travaillons de manière positive, nous avons en nous tous les pouvoirs nécessaires à la construction de notre vie. Parfois prisonnier d'une situation, nous nous imaginons que tout tourne autour de cet état, nous ne sommes pas conscients de la futilité de ce qui nous agace, nous dérange, nous bouleverse. Nous nous focalisons tellement sur le négatif que nous ne voyons pas les autres priorités que nous négligeons alors. Lorsque nous avançons sur une nouvelle voie plus difficile, nous nous rendons compte qu'il nous faut conserver notre énergie, la découverte n'en est que plus positive. En relativisant les difficultés rencontrées, nous les reconsidérons et elles perdent de leur importance. Nous voyons le vrai sens de la vie. Nous cessons de nous éloigner de nos rêves, au contraire nous leur donnons la possibilité de se concrétiser.

Rêve ta vie

Rêve ta vie, donne-lui des ailes dorées

Voyage sur un nuage de douceur

Découvre le monde comme une carte
d'étoiles du bonheur

Danse avec le soleil, souris à la lune, chante
avec la rivière, endors-toi sur un lit de
plumes

Rêve ta vie, aime la nature

Crois en la force de ta pensée

Donne des couleurs à ce que tu ressens

Vis l'instant présent

Ici et maintenant

Passe du rêve à ta réalité

Un voyage spirituel

Les différentes destinations d'une vie nous permettent d'associer chaque direction à une découverte, ce qui nous permet de vraiment comprendre quelle est la quête de notre voyage humain en tant qu'être spirituel. Nous sommes sans arrêt confrontés à des changements, car cela nous soumet à des épreuves qui nous délivrent des leçons de vie pour nous faire grandir intérieurement. Chaque souffrance rend notre âme plus conciliante, nous pardonnons plus facilement, nous grandissons des épreuves pour nous tourner vers d'autres aspirations. Certaines situations vécues nous amènent à de véritables prises de conscience, pour mieux appréhender notre destinée, pour continuer notre voyage spirituel et nous faire cueillir des nouveaux messages, véritables piliers de notre devenir. Lorsque nous prenons une autre route, des liens se brisent car ils n'étaient pas solides. D'autres se créent, signes d'espérance, à nous de les consolider, de les nourrir sainement. La chaîne de la vie ne s'interrompt jamais, nous laissons à ceux que nous croisons, des bribes de nous. Au cours de notre périple, tout changement s'accompagne de la nécessité de se remettre en question, de faire un bilan de nos expériences vécues, un check-up de « notre moi » avant de nous tourner vers de nouveaux projets sans ressentiment ni amertume. Nous devons en extraire ce qui pourrait nous aider à ne pas reproduire les mêmes erreurs de comportement. Si nous utilisons ce que nous avons acquis pour mieux nous adapter au changement, nous sommes mieux armés pour ne pas tomber dans des pièges similaires et omniprésents. Les nouvelles résolutions qui nous animent nous permettent de ne pas donner au passé trop de place. En se rappelant les moments difficiles, nous nous souvenons également de notre capacité de résilience. Certaines blessures parfois profondes déclenchent une envie de renouveau, pas une fuite mais un besoin de tout effacer et de s'éloigner de ce qui nous détruit. Nous devenons plus résistants, moins vulnérables, nous nous dressons comme des arbres fruitiers qui offrent leurs fruits pour le bonheur des autres mais qui jamais se plient sous l'assaut des pires tempêtes. Toutes les trahisons, les déceptions s'envolent pour faire place à un nouvel espace assaini. Nous faisons preuve d'intelligence, nous devenons notre propre sauveur. Nous nous ouvrons comme la fleur qui s'épanouit. Nul n'est parfait, nous devons travailler à équilibrer les traits de notre caractère en assouplissant notre tendance à vouloir trop prendre à cœur ce que nous faisons. Lorsque nous cessons de donner des ordres à la vie, elle cesse de se rebeller, de s'échapper, elle nous invite à l'apprécier telle qu'elle est, et nous nous rendons compte qu'elle n'est pas si mal, moins idéalisée, plus conforme à notre réalité, à ce qui est plus en accord avec notre vie. Lorsque nous comprenons que trop d'erreurs d'interprétation ôtent le goût à la vie, nous faisons davantage attention au pouvoir de l'instant présent dont on garde la magie pour mieux vivre les difficultés en transformant la vie en une suite d'instants présents intenses et pleinement ressentis. Lorsque nous nous engageons dans une nouvelle voie, tout est neuf, libre de souvenirs, différent, en devenir. A nous de nous approprier ce nouvel espace de vie qui nous sourit, d'enlacer ce choix et de l'aimer comme un nouveau possible, une route à prendre pour sillonner d'autres étapes, pour parcourir la vie autrement. Ce choix ne doit pas être contre- nature, différent de nous. Si les souvenirs parasitent ce désir de renouveau alors il sera difficile de faire de cet essai une belle transformation. Dans nos moments les plus difficiles, la mélancolie du temps passé vient souvent nous jouer sa musique pour nous rendre moroses, pourtant nos souvenirs sont nos trésors, plutôt que de les effacer nous pouvons aussi les magnifier, les sublimer et en faire notre élan vers l'avenir. Il est indispensable que nous soyons prêts à accepter le changement, à partir du moment où nous sommes sûrs, tout peut nous sourire.

Renaître

Assis près d'un arbre, je contemple sa
beauté, sa force

Je pose la tête sur son tronc et j'écoute la
musique de la vie

Je ressens mon être à travers sa solidité

Je ressens ma douceur en entendant battre
son cœur

Ses racines m'ancrent dans mon présent

Ses branches m'ouvrent vers d'autres
horizons

Son feuillage danse dans le vent et me
raconte l'histoire de ma vie

J'enlace cet arbre et je deviens Lui...

Tourner la page

Pour bien réussir nos choix, il faut aussi savoir feuilleter les différentes pages des chapitres du livre de notre vie, une à une sans regret ni remords juste pour tourner la page. Il est nécessaire pour nous de prendre le temps de rompre les vieilles habitudes que nous avions installées, prisonniers de situations que nous avions nous-mêmes créées, en mettant définitivement un terme à ce qui nous a nui. Pour s'en extraire, certaines étapes sont difficiles mais incontournables pour ne plus souffrir, pour se délivrer de nos chaines invisibles. Souvent c'est à ce moment précis que nous découvrons la vérité sur les êtres, les choses, les actes. Rien ne s'obtient dans le conflit ni dans la tension, les nouvelles résolutions sont des lampes qui doivent éclairer notre route pour ne pas reproduire les mêmes schémas destructeurs, les mêmes barrières. Si nous voulons réussir un changement, il faut être prêt à faire table rase, à éliminer tout ce qui parasitait notre vie en reconnaissant nos torts, en nous pardonnant pour nos erreurs et en pardonnant aux autres. Cela nous permet ensuite d'être centrés et concentrés sur notre objectif. Si nous avons aimé plus particulièrement un chapitre du passé, il nous faut poursuivre notre histoire en laissant au présent la possibilité de nous révéler d'autres plaisirs, d'autres joies. Si nous cultivons le manque, l'absence, la distance, nous nous enfermons dans l'insatisfaction permanente, l'impossibilité de nous réaliser pleinement, de nous découvrir autrement. Nous devons refermer toutes les plaies pour ne pas souffrir au premier obstacle rencontré en y associant le pardon nécessaire. La vie est riche de ses surprises, elle sait nous ramener là où nous attend notre bonheur. Si nous abordons le changement en restant dans le passé, alors tout paraît difficile, impossible, tout nous pousse à renoncer, à regretter la situation passée, celle-là même que nous refusions de conserver parce qu'elle nous faisait souffrir :

c'est le paradoxe de l'être humain. Nous sommes alors inaptes à juger la situation présente, tout semble sombre, contraire à nos attentes. Notre subjectivité transforme la réalité selon nos envies, nos rêves, nos besoins du moment. Lorsque nous nous éloignons en prenant de la distance, nous découvrons que la situation n'a pas changé mais que c'est le regard que nous portons sur elle qui a changé. Nous ne sommes plus aveuglés par des sentiments ou des ressentiments, nous voyons enfin la réalité telle qu'elle est vraiment sans idéalisation, sans jugement, sans filtre. C'est ainsi que nous pouvons plus facilement tourner la page pour poursuivre notre chemin et continuer vers d'autres horizons. Tourner la page n'est pas une étape négative, elle nous permet de mieux écrire la page suivante, dans l'expérience du passé pour ne pas commettre les mêmes erreurs. Chaque pas accompli nous élève davantage, nous laissons derrière nous les fantômes du passé. C'est plus légèrement que nous considérons notre existence, nous cessons de devenir exigeants, nous comprenons que la vie saura nous récompenser si nous faisons les choix les plus en accord avec notre personnalité. Nous fuyons les rêves fantasques, nous voyons la réalité sans chercher à l'idéaliser. Nous aimons la vie et sa beauté simple et naturelle qui parvient enfin à nous combler. Nous sommes alors satisfaits, heureux, fiers de ce que nous avons réalisé pour nous et pour les autres. Nous apprécions chaque instant présent, pur, vrai, et nous regardons le futur comme un nouveau fruit juteux dans lequel nous voulons mordre pour le savourer pleinement et sereinement. En avançant avec prudence, en faisant confiance à l'inconnu de notre parcours de vie, en progressant à notre rythme, en prenant le temps d'analyser les faits, nous devenons des êtres pragmatiques, conscients de nos choix et enclins à poursuivre nos rêves qui appartiennent à notre destinée . A la croisée des chemins, nous nous sentons vivants, vaillants, ouverts, pétillants d'espoir. Nous laissons tomber notre armure, nous nous élançons pour réussir notre envol.

L'envol

Vole, vole mon bel oiseau vers tes cieux
rêvés

Laisse le vent te porter là où se trouve ta
destinée

Aujourd'hui ici, demain là

Ta vie suit le sens de tes envies

Ne brise jamais la source infinie

Accepte d'être là où tu veux

Envole-toi, sois heureux

CONCLUSION

A la croisée des chemins, il nous faut savoir changer de cap sans jamais remettre en cause nos choix, avec courage et volonté, pour persévérer dans la voie empruntée, en mettant en fuite les doutes qui nous assaillent pour bien vivre le changement sans aucun blocage et en apprenant à adopter notre comportement face à l'adversité. Rêver sa vie, c'est le meilleur choix que nous puissions faire en permettant à nos rêves de se réaliser. Le livre de notre vie est ainsi fait de nombreux chapitres comme un album que nous feuilletons pour mieux comprendre qui nous sommes vraiment. Nos choix nous donnent notre identité et nous rappellent que nous sommes tous différents et uniques. A la croisée de nos choix, il n'est pas besoin de réfléchir longtemps pour savoir dans quelle direction aller. Notre guide intérieur qui a élu domicile en notre moi profond nous prend la main pour nous montrer la voie celle de notre délivrance, celle de nos espérances. Les doutes s'envolent, les peurs disparaissent, les cœurs s'ouvrent et l'univers nous sourit. C'est la reconquête de notre vie en phase avec notre choix du moment et avec notre cheminement personnel. A nous de suivre nos choix, un à un. Il existe dans notre vie des choix plus importants que d'autres mais si nous les vivons éclairés par lumière de notre force intérieure, nous ne pouvons que les réussir, en tout cas, c'est tout le bien que je vous souhaite, en espérant que mes mots vous accompagnerons sur le chemin de votre vie. les changements qui rythment notre existence, nous devons les accepter pour ne pas rester figés dans un immobilisme insupportable à vivre. Pour conclure, un choix n'est jamais un hasard, c'est juste la naissance d'un changement nécessaire dans notre vie à un moment précis. En étant conscients de cela, nous transformons tous nos projets en de belles réussites car un choix ne se vit pas dans le regret mais dans l'espoir. Refuser les dilemmes auxquels la vie nous confronte, c'est se condamner à ramer à contre-courant vers un but indéfini. Naviguer à l'aveugle, c'est perdre confiance, c'est dériver vers nulle part. Un choix ne se fait pas de manière impulsive mais s'impose à nous comme la réponse à une question, comme la solution à un problème existentiel. Il nous propulse là où nous avons tant à apprendre de nous-mêmes, dans notre quête infinie de la vie. Alors vivons nos choix intensément comme les étapes d'une chasse au trésor, à la recherche de notre vrai « moi ». N'ayons plus peur de ce qui nous attend, rien n'est prévisible, à nous de savoir se laisser guider par ce qui nous convient le mieux, ce qui est le plus en accord avec notre être intérieur car c'est là la clé du succès.

A la croisée de nos choix

Ouvre la porte de ton cœur

Laisse entrer l'amour

Ouvre tes bras à l'harmonie

Fais pénétrer en toi ta force de vie

Tu n'es jamais seul

Tu es toujours avec toi

Avec tes choix

Es-tu le maître de ta vie ?

Remplis-tu l'espace de ton infini ?

Perçois-tu la vie qui t'entoure et celle qui t'anime ?

Ressens-tu les vagues intérieures qui t'inondent ?

Accueille en toi l'énergie renouvelée

Découvre qui tu es

Connecte-toi à ta puissance

Bois chaque goutte de ton élixir de vie

En toi se trouve ton équilibre

Libère- toi des chaines de tes pensées

Calme ses vents qui soufflent

Joue la partition mélodieuse de ta musique
silencieuse

Renais à la vie

O toi être solaire et lumineux

Mets- fin à tes doutes

Sois vibrant, intense

Habite ton havre de paix

Laisse au loin les fardeaux inutiles

Grandis élève toi au-dessus de tes dernières
résistances

Suis ton élan créateur

C'est ta volonté qui te guide sur le chemin
de ta destinée

Goûte à la magie de l'amour retrouvé

Admire la clarté qui t'accueille

Paix, sérénité en ton âme éveillée.

Vis ton choix

Aime-le...

Maryse LIGDAMIS

Notes personnelles

Notes personnelles